Transport de Surveillance Tout-Terrain

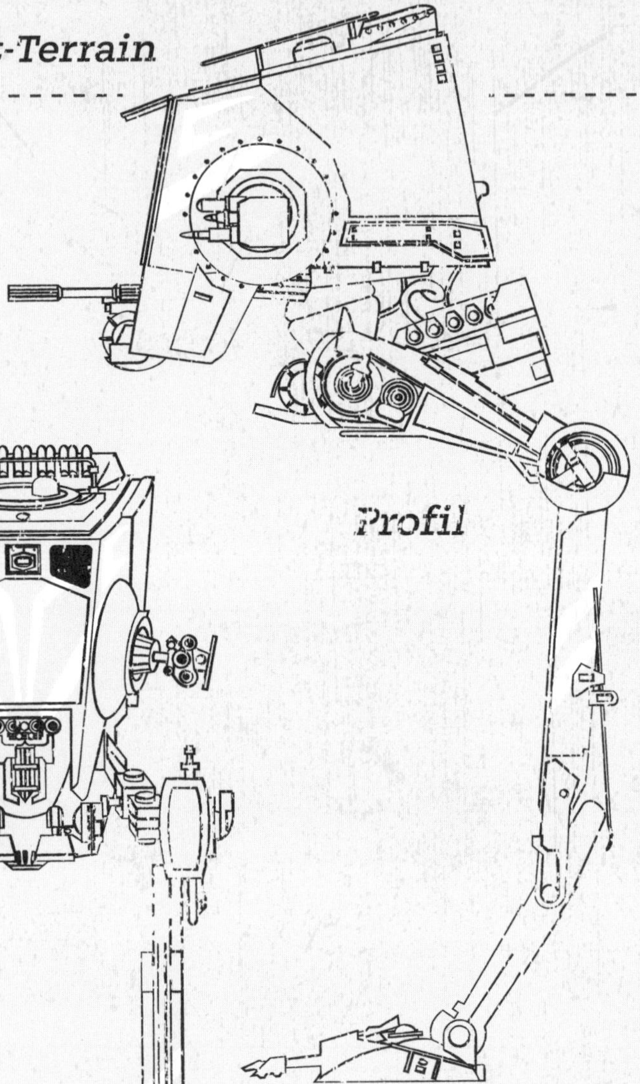

Profil

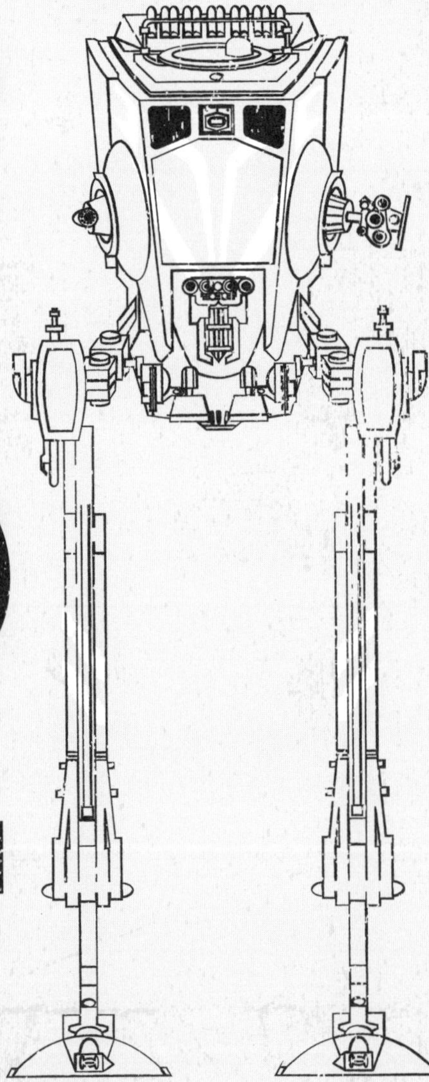

Marcheur

Face

Le Mandalorien

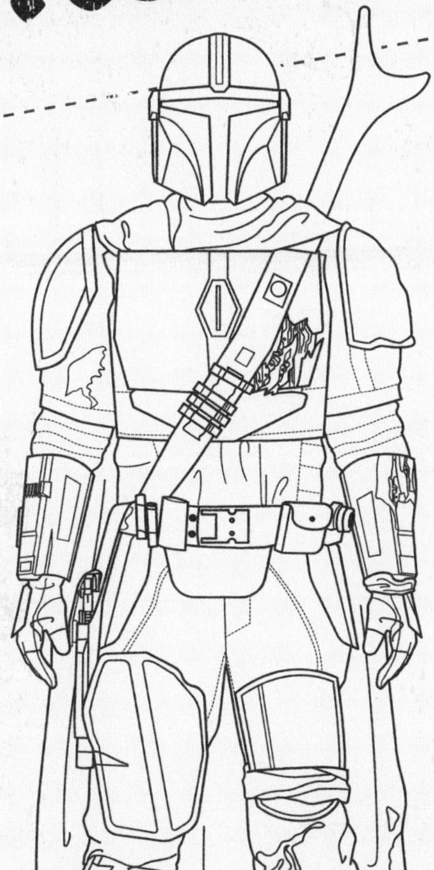

Face

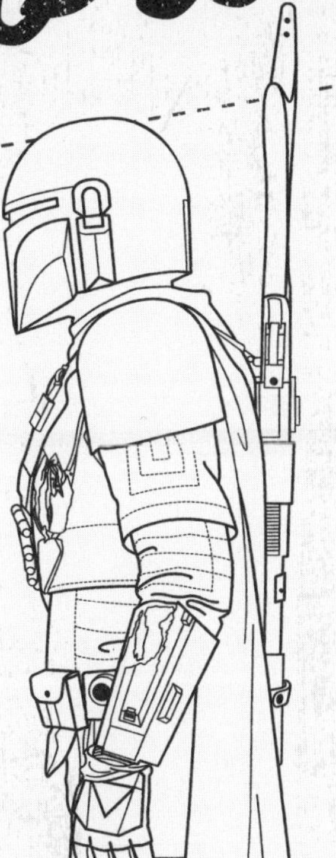

Profil

Version originale adaptée par Brooke Vitale
Version originale illustrée par Tomatofarm
Série créée par Jon Favreau
Histoire écrite par Jon Favreau, Dave Filoni,
Christopher Yost et Rick Famuyiwa

Responsable éditoriale : Adélaïde Lebuy
Responsable artistique : Pauline Ortlieb
Fabrication : Marine Wiplier
Édition : Naïma Timzouert
Graphiste : Glen Le Boulicaut
Adaptation des textes : Philippe Touboul
Mise en page : Ying Xu

STAR WARS

THE MANDALORIAN

TELLE EST LA VOIE

SAISON 1

hachette
JEUNESSE

SUR UNE PLANÈTE DE GLACE, un homme masqué est sur la piste d'une de ses proies. Il s'agit du Mandalorien, un célèbre chasseur de primes. Son travail consiste à capturer des personnes ou des créatures en échange d'une somme d'argent.

Voilà que son capteur de positionnement clignote… **LA NOUVELLE CIBLE DU MANDALORIEN N'EST PAS LOIN.**

Le capteur conduit le mercenaire à une cantina, où il trouve celui qu'il cherchait : un habitant de Mythrol à la peau bleue.

Sa proie a beau tenter d'acheter sa liberté au Mandalorien, celui-ci se contente de le fixer sans rien dire.

– Je peux te garder au chaud, ou je peux te refroidir, finit par assèner Mando.

Son captif derrière lui, le Mandalorien rejoint son vaisseau, le *Razor Crest*. Soudain, la glace sous ses pieds commence à se craqueler. Mando se précipite jusqu'au cockpit, entraînant le Mythrol avec lui. Mais au moment où il décolle, le ravinak, un gigantesque monstre des mers de glace, surgit des profondeurs.

LE RAVINAK SE JETTE SUR LE *RAZOR CREST* ET SAISIT L'UN DES TRAINS D'ATTERRISSAGE DANS SES MÂCHOIRES.

Le Mandalorien prend son fusil, se penche par la porte et pique le monstre à l'aide de son arme. Sous le choc, le ravinak ouvre alors largement sa gueule, et le vaisseau peut s'envoler.

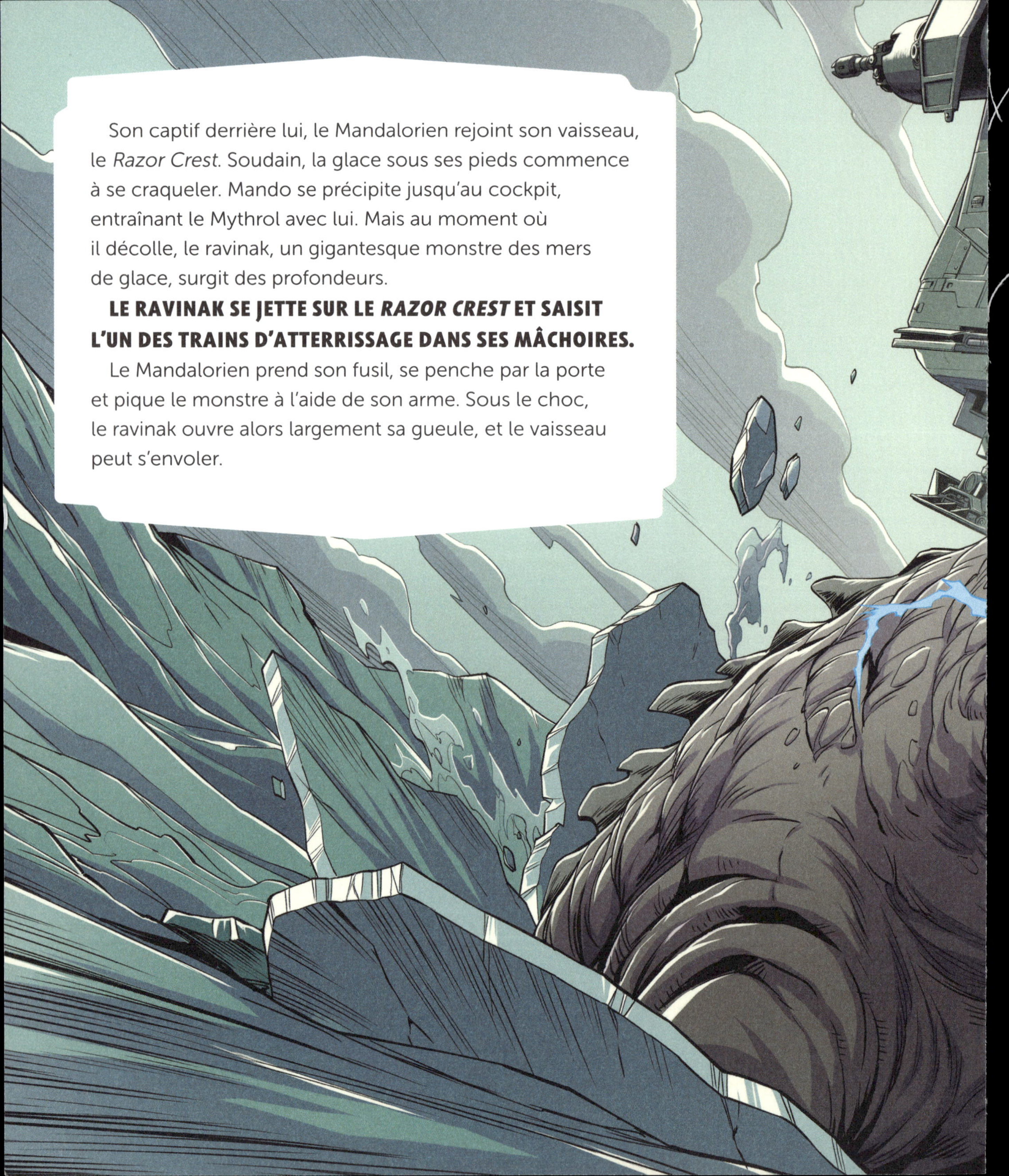

Le Mandalorien pilote le *Razor Crest* jusqu'à la planète Nevarro, où il retrouve Greef Karga, un représentant de la Guilde des Chasseurs de Primes. Ce dernier tente de lui proposer plusieurs contrats, Mando ne les estime pas assez intéressants.

Greef admet qu'il lui reste encore une autre mission. Elle est dangereuse, mais bien payée…

Voilà une offre tentante, que Mando accepte immédiatement.

Le chasseur de primes s'en va donc rencontrer son mystérieux acquéreur.

– Greef Karga m'a averti de votre venue, annonce le Client, sans révéler son nom. Il a aussi dit que vos tarifs étaient élevés.

L'homme présente ensuite à Mando une barre de beskar, un métal précieux servant à forger les armures des Mandaloriens. Le Client lui promet encore plus de beskar s'il ramène sa proie.

Mando s'empare du capteur pour repérer sa cible, puis quitte la propriété du Client.

Le signal du capteur conduit Mando sur la planète Arvala-7. À peine arrivé, il est attaqué par un blurrg, une bête énorme et puissante. Alors qu'un second blurrg attaque le Mandalorien, la bête est soudainement endormie par une fléchette. Un Ugnaught, monté sur un troisième blurrg, apparaît.

CET UGNAUGHT SE PRÉSENTE : IL S'APPELLE KUIIL.

Il propose d'assister le chasseur de primes dans sa mission. Mais avant de capturer sa proie, Mando doit apprendre… à chevaucher un blurrg !

Sur sa monture, le Mandalorien atteint la forteresse où sa cible est retenue. Mais un droïde chasseur de primes, IG-11, est arrivé avant lui.

S'ensuit un échange de tirs entre les gardes de la forteresse et le droïde.

Mando se joint au combat, mais IG-11 et lui sont submergés et se retrouvent bientôt acculés.

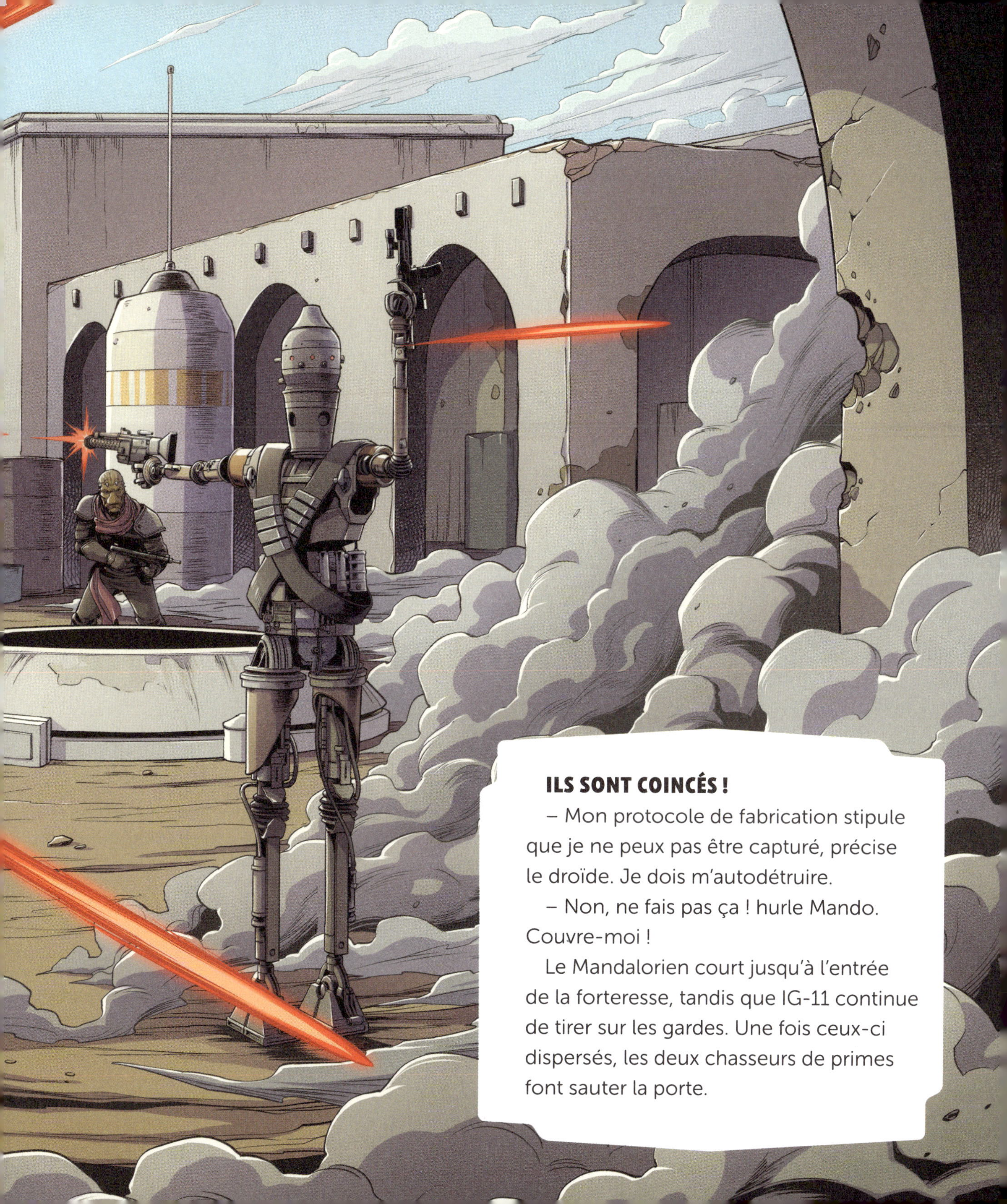

ILS SONT COINCÉS !

– Mon protocole de fabrication stipule que je ne peux pas être capturé, précise le droïde. Je dois m'autodétruire.

– Non, ne fais pas ça ! hurle Mando. Couvre-moi !

Le Mandalorien court jusqu'à l'entrée de la forteresse, tandis que IG-11 continue de tirer sur les gardes. Une fois ceux-ci dispersés, les deux chasseurs de primes font sauter la porte.

À l'intérieur, le mercenaire et le droïde suivent leur signal jusqu'à une étrange capsule flottante. En pressant un bouton, son couvercle s'ouvre.

Un petit être vert les regarde. Ce n'est qu'un enfant ! IG-11 pointe son arme sur lui.

– Ma mission est très précise, dit-il. La cible doit être éliminée.

Mando ne sait rien de cet enfant, mais il ne va pas le laisser mourir. Il tire sur le droïde, qui s'effondre.

Le Mandalorien quitte la forteresse, emportant sa cible. Mais, en chemin pour rejoindre le *Razor Crest*, il est attaqué par trois **TRANDOSHANS** à l'aspect reptilien.

Mando parvient aisément à les vaincre. Il découvre avec surprise que l'un d'eux dispose d'un capteur de positionnement identique au sien. Lui et IG-11 ne sont donc pas les seuls à chercher l'Enfant…

Le Mandalorien et l'Enfant rejoignent le *Razor Crest*, alors qu'un groupe de Jawas est en train de le démonter ! Exaspéré et en colère, Mando poursuit leur char des sables. Il grimpe dessus, mais les Jawas lui envoient une décharge électrique et le chasseur tombe de leur véhicule, assommé.

Quand il reprend connaissance, Mando décide d'aller retrouver Kuiil.

– MON VAISSEAU A ÉTÉ DÉTRUIT, DIT-IL. JE SUIS COINCÉ ICI.

– Démonté, pas détruit, le corrige Kuiil.

Ainsi, rien n'empêche Mando de récupérer les morceaux du *Razor Crest* et de réparer son vaisseau.

Kuiil amène le Mandalorien jusqu'aux Jawas, qui acceptent de lui rendre ses pièces... si Mando arrive à leur rapporter un œuf de mudhorn, une bête terrible !

Le Mandalorien accepte le marché, et les Jawas le guident jusqu'à la caverne de la redoutable créature.

Mando, avec précaution, pénètre dans l'antre, où il trouve des os impressionnants et entend un grondement sourd, avant de remarquer un œil énorme qui l'observe.

L'instant d'après, le chasseur est projeté dans les airs et expulsé de la caverne. Le gigantesque mudhorn en colère le suit.

Mando tente de l'affronter, mais il ne fait pas le poids. Encore et encore, il est jeté à terre. Alors que tout semble perdu, l'Enfant dresse le bras.

LE MUDHORN S'ÉLÈVE DANS LES AIRS, INCAPABLE DE BOUGER.

Mando saisit l'opportunité et achève aussitôt l'animal.

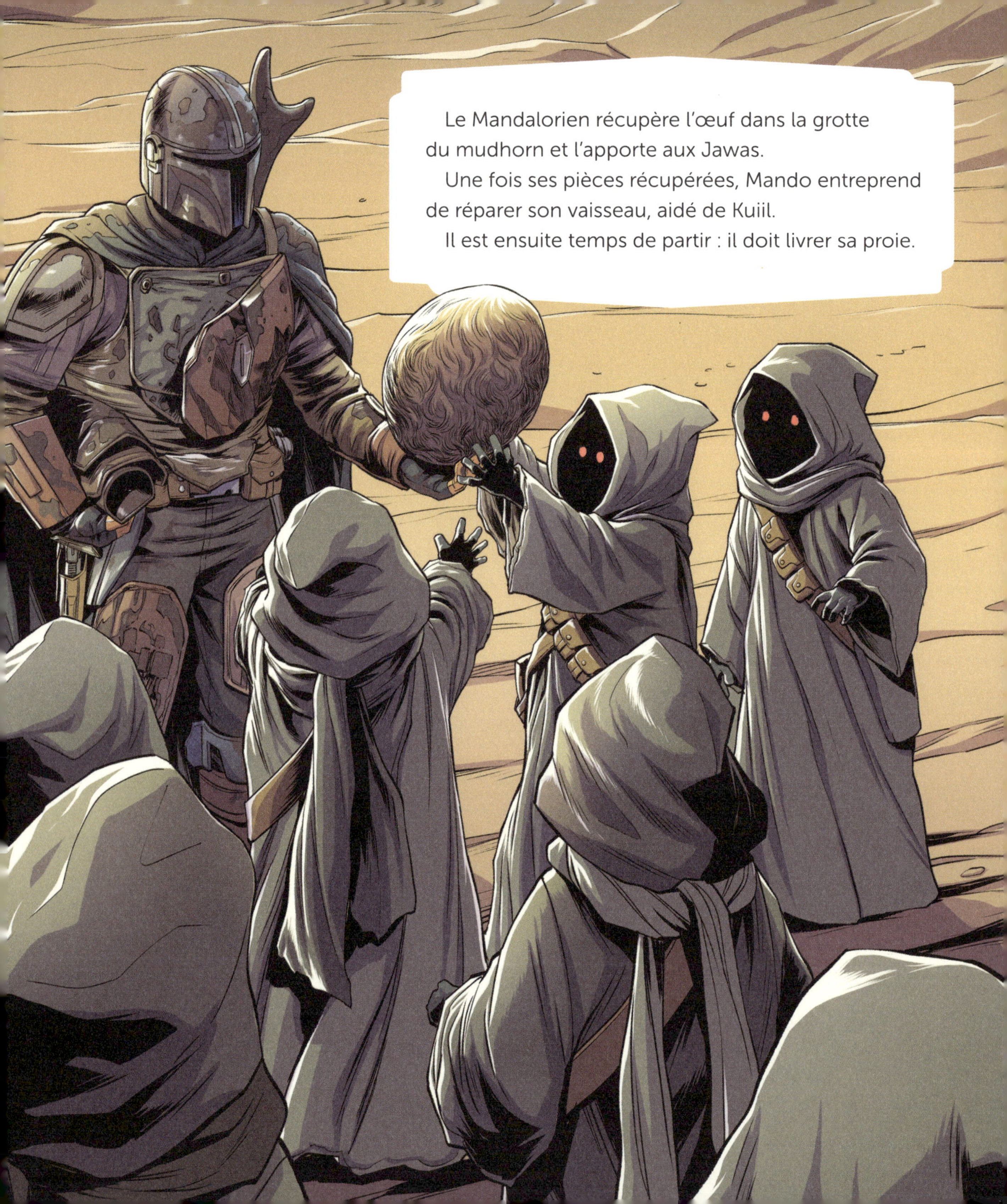

Le Mandalorien récupère l'œuf dans la grotte du mudhorn et l'apporte aux Jawas.

Une fois ses pièces récupérées, Mando entreprend de réparer son vaisseau, aidé de Kuiil.

Il est ensuite temps de partir : il doit livrer sa proie.

DE RETOUR SUR LA PLANÈTE NEVARRO, LE MANDALORIEN PRÉSENTE L'ENFANT AU CLIENT.

En échange de sa cible, celui-ci remet à Mando vingt barres de beskar !

– Une prime démesurée pour un aussi petit « bagage », note le Client.

Un scientifique emmène l'Enfant, que Mando entend sangloter.

– Qu'allez-vous faire de lui ? demande-t-il.

Mais le Client refuse de répondre. Il finit par déclarer :

– Le Code de la Guilde exige que tout soit maintenant oublié.

Mando sait que le Client a raison. Il récupère son beskar et s'en va, puis confie le précieux métal à l'Armurière, une autre Mandalorienne, qui vit sous terre au sein d'une de leurs communautés.

Elle fait fondre le beskar et forge une nouvelle armure au chasseur de primes. Avec ce qu'il reste, l'Armurière lui forge des **OISEAUX SIFFLEURS,** une arme mandalorienne bien singulière.

Mando sait qu'il est temps pour lui de trouver une nouvelle cible. Mais il est obnubilé par les sanglots de l'Enfant, et il finit par s'avouer qu'il ne peut pas le laisser aux mains du Client.

Dans la nuit, le chasseur retourne dans la propriété du Client et sauve l'Enfant. Mais en repartant, il est stoppé par un groupe de stormtroopers. Il dépose le petit à terre et active les Oiseaux Siffleurs. Ces armes uniques en leur genre éliminent rapidement ses ennemis.

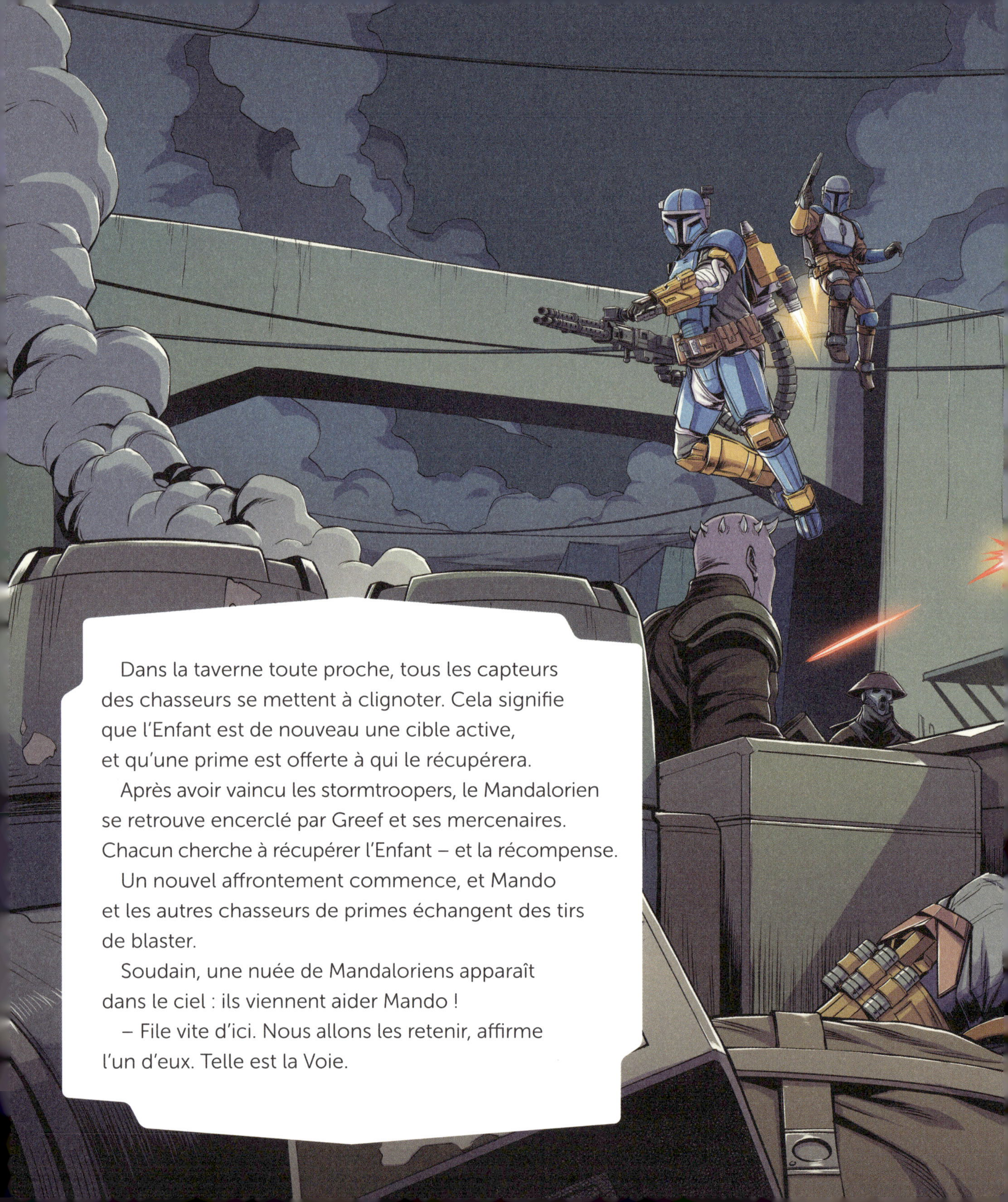

Dans la taverne toute proche, tous les capteurs des chasseurs se mettent à clignoter. Cela signifie que l'Enfant est de nouveau une cible active, et qu'une prime est offerte à qui le récupérera.

Après avoir vaincu les stormtroopers, le Mandalorien se retrouve encerclé par Greef et ses mercenaires. Chacun cherche à récupérer l'Enfant – et la récompense.

Un nouvel affrontement commence, et Mando et les autres chasseurs de primes échangent des tirs de blaster.

Soudain, une nuée de Mandaloriens apparaît dans le ciel : ils viennent aider Mando !

– File vite d'ici. Nous allons les retenir, affirme l'un d'eux. Telle est la Voie.

MANDO SE PRÉCIPITE JUSQU'À SON VAISSEAU ET DÉCOLLE ALORS QUE LES MANDALORIENS POURSUIVENT LE COMBAT.

Il sait qu'il doit trouver un endroit où se réfugier avec l'Enfant. Il choisit Sorgan, une planète agricole sans spatioport ni grande ville.

En approchant, il repère un petit village de pêcheurs. Des gamins jouent dans l'eau en riant : c'est l'endroit parfait pour se cacher.

Mais faire profil bas n'est pas si facile. Mando se retrouve vite à affronter une inconnue dans une taverne. Les deux adversaires étant de force égale, ils cessent de se battre.

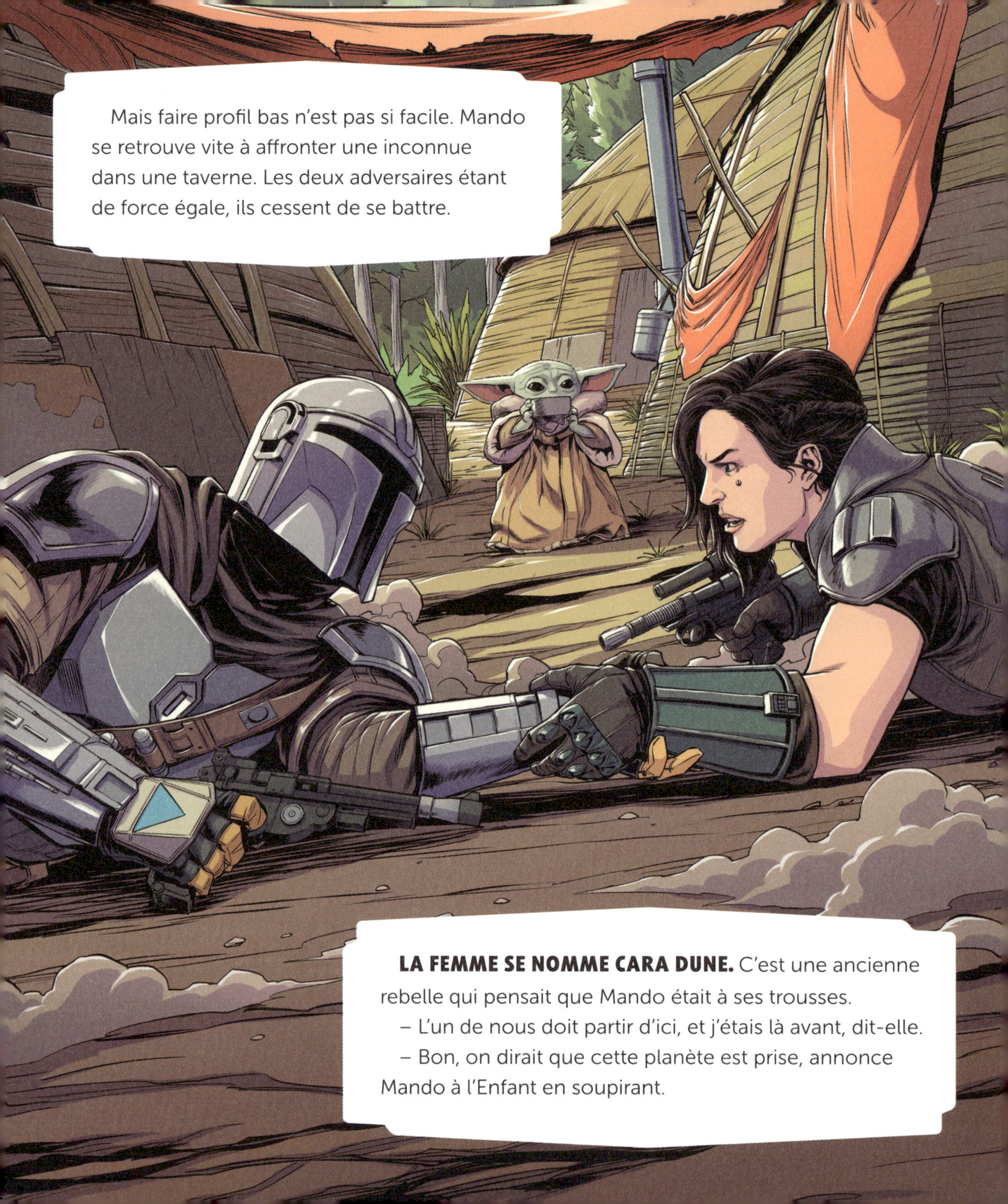

LA FEMME SE NOMME CARA DUNE. C'est une ancienne rebelle qui pensait que Mando était à ses trousses.

– L'un de nous doit partir d'ici, et j'étais là avant, dit-elle.

– Bon, on dirait que cette planète est prise, annonce Mando à l'Enfant en soupirant.

Le soir, des villageois demandent au Mandalorien de les aider à repousser des pillards qui les attaquent et volent leur récolte. Lorsque Mando découvre que les pêcheurs vivent dans un village isolé, il accepte de les aider si, en échange, ils les logent, lui et l'Enfant.

Mando demande à Cara Dune de l'accompagner pour espionner les pillards. **ILS DÉCOUVRENT QUE CEUX-CI DISPOSENT D'UN MARCHEUR TS-TT,** autrefois utilisé par l'Empire !

Cara élabore un plan pour venir à bout de l'imposant TS-TT : ils vont transformer un bassin de pêche en piège, afin de faire chuter l'engin.

Durant plusieurs jours, les villageois s'occupent des préparatifs et apprennent à se défendre.

Enfin, une nuit, Cara et Mando attirent le TS-TT dans le village.

Les pillards déferlent derrière le marcheur, en attaquant, et les villageois répliquent.

ENFIN, LE TS-TT S'ÉCROULE.

Mando fonce et fait sauter l'engin impérial, ce qui fait fuir les pillards. Les villageois font la fête. Ils ont gagné !

Le lendemain, le Mandalorien observe l'Enfant qui s'amuse avec les jeunes du village. Omera, une des habitantes, est prête à s'occuper de son protégé. Mais au même moment, Cara Dune repère et tue un chasseur de primes qui était sur la piste de l'Enfant.

Mando comprend qu'il est trop dangereux de le laisser : il doit rester avec lui.

En repartant à bord du *Razor Crest*, ils sont pris en chasse et se font tirer dessus. Ils gagnent le combat, mais leur vaisseau est endommagé.

MANDO DOIT ABSOLUMENT SE POSER, ET VITE !

Mando débarque sur une planète nommée Tatooine. Il cache l'Enfant à bord du *Razor Crest*, puis, dans un hangar, il rencontre une mécanicienne, Peli Motto.

Celle-ci examine le vaisseau.

– Quelle ruine, s'exclame-t-elle. Les réparations vont vous coûter cher.

– VOUS AUREZ L'ARGENT, assure Mando.

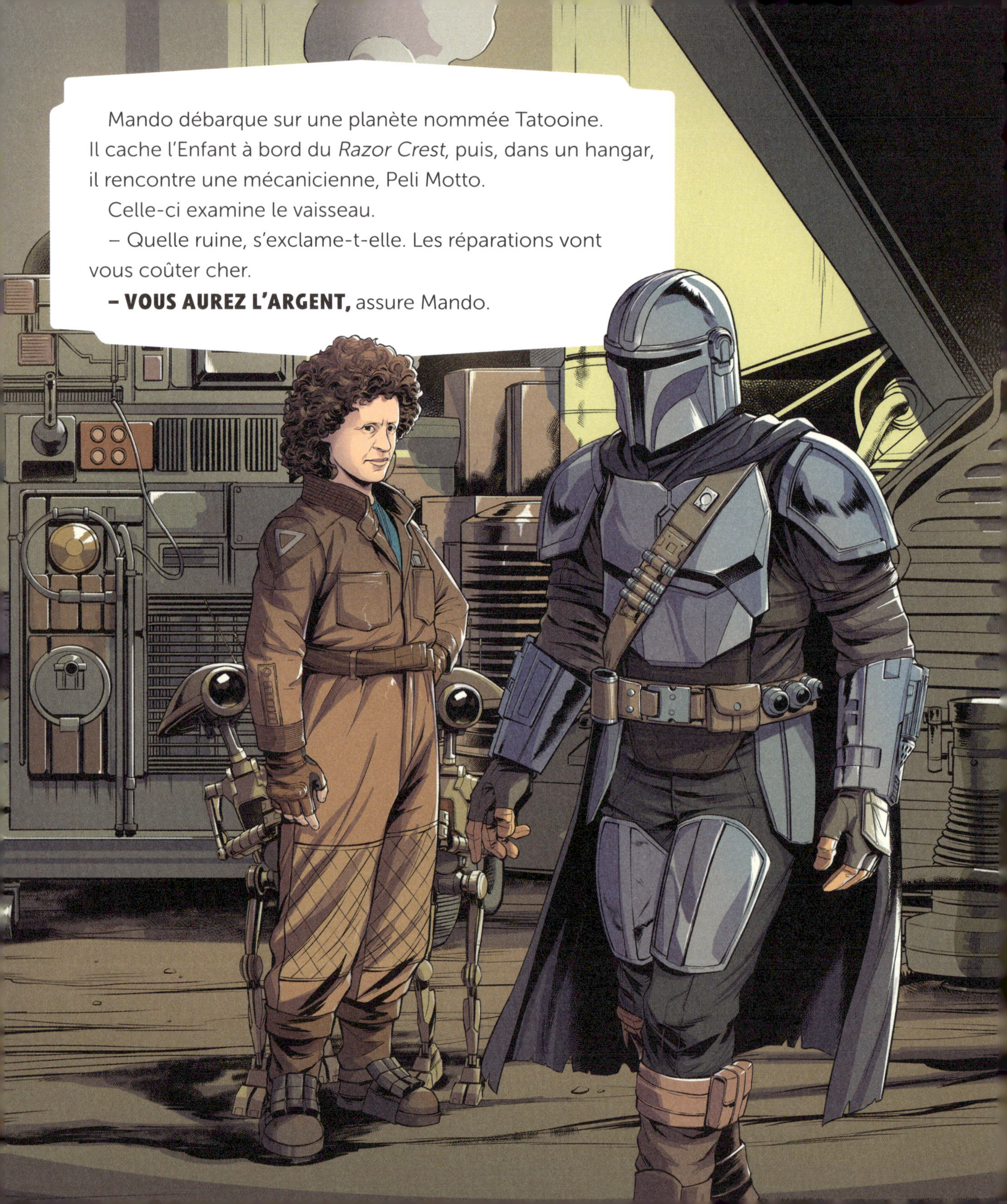

Alors que Peli Motto se met à l'ouvrage, la rampe du *Razor Crest* s'abaisse et l'Enfant en sort.

– Le chasseur de primes t'a laissé seul dans cet affreux vaisseau ? s'étonne la mécanicienne.

Malgré elle, Peli se sent attirée par l'Enfant, et décide de s'en occuper en attendant le retour de son gardien.

En ville, Mando a du mal à trouver une mission.
Finalement, un homme s'adresse à lui :
– Si tu cherches du travail, j'ai ce qu'il te faut.

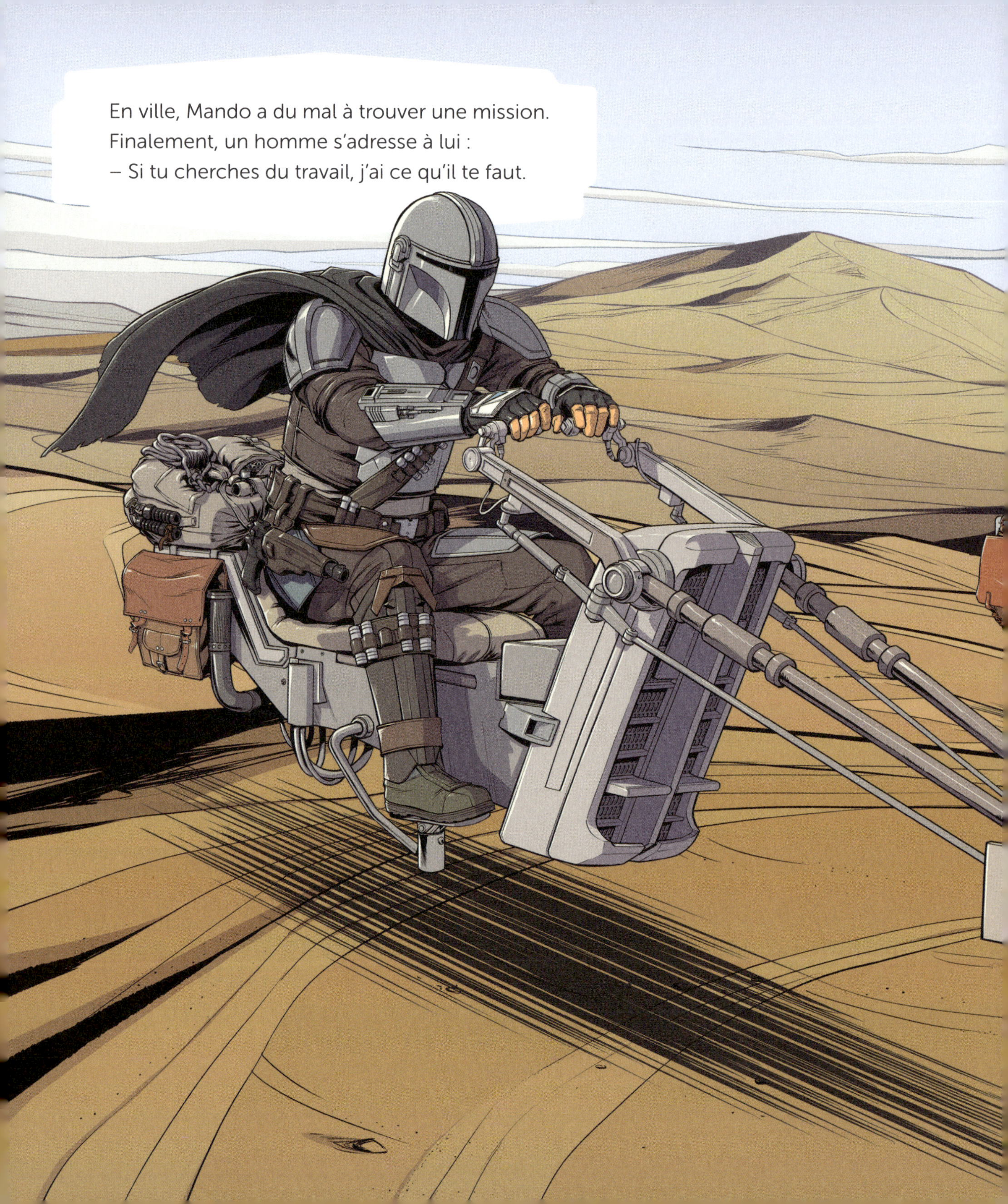

L'homme se nomme Toro Calican. Lui aussi est chasseur de primes. Il est sur la piste d'une redoutable tueuse, Fennec Shand.

Mando sait que la mission est dangereuse, mais il n'a pas le choix : il lui faut de quoi payer les réparations de son vaisseau.

Bientôt, les deux associés filent à travers le désert, sur les traces de Fennec.

Depuis une crête dans le désert, Fennec observe les deux chasseurs de primes qui approchent.

Elle fait feu à distance, mais son tir est dévié par l'armure en beskar du Mandalorien.

Mando doit élaborer un plan. Il décide de patienter en observant Fennec. À la nuit tombée, lui et Toro s'approchent furtivement de la tueuse. Ils la capturent, mais la femme a plus d'un tour dans son sac. Alors que Mando va chercher un véhicule, Fennec révèle à Toro que la tête de Mando est mise à prix pour une récompense bien plus importante que la sienne.

Mais Toro aussi est rusé. Il tire sur Fennec et file jusqu'à la ville. Le Mandalorien le retrouve ensuite avec Peli Motto et l'Enfant. Toro cherche à piéger Mando en prenant la mécanicienne et le petit en otage.

Mando sait qu'il n'a pas d'autre choix que de tirer sur Toro, qui s'effondre. Puis il prend l'argent de l'homme et le donne à Peli. Elle a fini de réparer le *Razor Crest,* et il est temps pour lui et l'Enfant de reprendre la route.

Mando poursuit sa fuite dans la galaxie et retrouve un ancien allié : **RANZAR MALK.**

Ran a besoin de lui, et Mando a besoin d'argent. Le vieil homme lui présente son équipage : Mayfeld, Burg, Xi'an et Zero le droïde. Leur mission est de libérer un de leurs coéquipiers, retenu dans une prison de la Nouvelle République.

La bande pénètre dans le vaisseau-prison, mais ils ont beau chercher dans les cellules, ils ne trouvent pas le captif. En se rendant au centre de contrôle, ils tombent sur une surprise : un garde humain, alors que le vaisseau ne devait être surveillé que par des droïdes ! L'homme alerte aussitôt la Nouvelle République.

Le groupe doit agir vite. Les autorités vont faire exploser la prison dans vingt minutes. Ensemble, ils combattent des gardes droïdes et retrouvent celui qu'ils cherchent : Qin, le frère de Xi'an.

Ils le libèrent, et soudain, les autres se retournent tous contre le Mandalorien, qu'ils emprisonnent dans la cellule à la place de Qin !

Mais Mando parvient à attirer un droïde de sécurité jusqu'à sa cellule. Là, il l'utilise pour ouvrir la porte, puis file jusqu'à son vaisseau et décolle, emmenant Qin avec lui et abandonnant les autres. En effet, il a besoin du prisonnier pour toucher sa prime.

Arrivé à la station spatiale, le Mandalorien livre Qin à Ranzar.

Mais alors que Mando s'éloigne dans le *Razor Crest*, Qin découvre le traceur du garde de la prison dans sa poche. Le Mandalorien l'a caché sur lui !

Les vaisseaux de la Nouvelle République suivent le traceur et font sauter la station de Ran.

Mando sait qu'il ne peut pas fuir indéfiniment. Sa seule chance de protéger l'Enfant est d'éliminer le Client. Il passe alors un accord avec Greef Karga et demande l'aide de Cara Dune. Elle accepte, et ils se rendent sur Arvala-7.

Là, Mando retrouve Kuiil et IG-11 : l'Ugnaught a réparé et reprogrammé le droïde, qui devient une nounou pour l'Enfant et jure de le protéger !

Le Mandalorien demande à Kuiil de l'accompagner pour garder l'Enfant pendant qu'ils s'occuperont du Client. Ainsi, ils s'envolent tous pour Nevarro.

Là, Greef et ses hommes les attendent. Mais en allant à la rencontre du Client, **ILS SONT TOUS ATTAQUÉS PAR DES BÊTES FÉROCES.**

Mando et ses amis repoussent les créatures, mais Greef est grièvement blessé.

Cara et Mando s'occupent de lui quand l'Enfant apparaît à leurs côtés. En posant simplement sa main sur la blessure, le petit être vert parvient à le soigner.

Cara, Greef et Kuiil l'observent faire, médusés. Ils comprennent que le Mandalorien a raison : l'Enfant est précieux et doit être protégé à tout prix.

Au matin, le Mandalorien décide de renvoyer Kuiil au vaisseau avec l'Enfant, où les attend IG-11. Puis il va à la rencontre du Client avec Greef et Cara. Grâce à la capsule flottante, ils lui font croire qu'ils ont le petit être avec eux.

Le Client est impatient de revoir l'Enfant mais, au moment où il s'apprête à découvrir la supercherie, tout explose autour d'eux.

LE SUPÉRIEUR DU CLIENT, MOFF GIDEON, DÉBARQUE À LA TÊTE D'UNE ARMÉE DE STORMTROOPERS.

Il pose un ultimatum à Mando : lui remettre l'Enfant, ou mourir.

Au même moment, les éclaireurs de Moff Gideon ont rattrapé Kuiil avant qu'il atteigne le *Razor Crest*. Ils l'ont éliminé et ont enlevé l'Enfant.

Mais IG-11 respecte sa nouvelle programmation à la lettre. Il récupère le petit et le protège en le ramenant à Mando. Ils débarquent en trombe, chevauchant un motojet.

IG-11 rejoint Mando, Cara et Greef avec l'Enfant. Ensemble, ils affrontent les stormtroopers, et Mando est blessé.

Ils courent alors se réfugier dans un bâtiment. IG-11 entreprend de dégager un passage menant aux égouts, et à la liberté. Mais le stormtrooper incinérateur de Moff Gideon surgit avec son arme.

SOUDAIN, LA PIÈCE EST BAIGNÉE PAR LES FLAMMES.

L'Enfant s'avance. Il lève la main et repousse le feu vers le soldat.

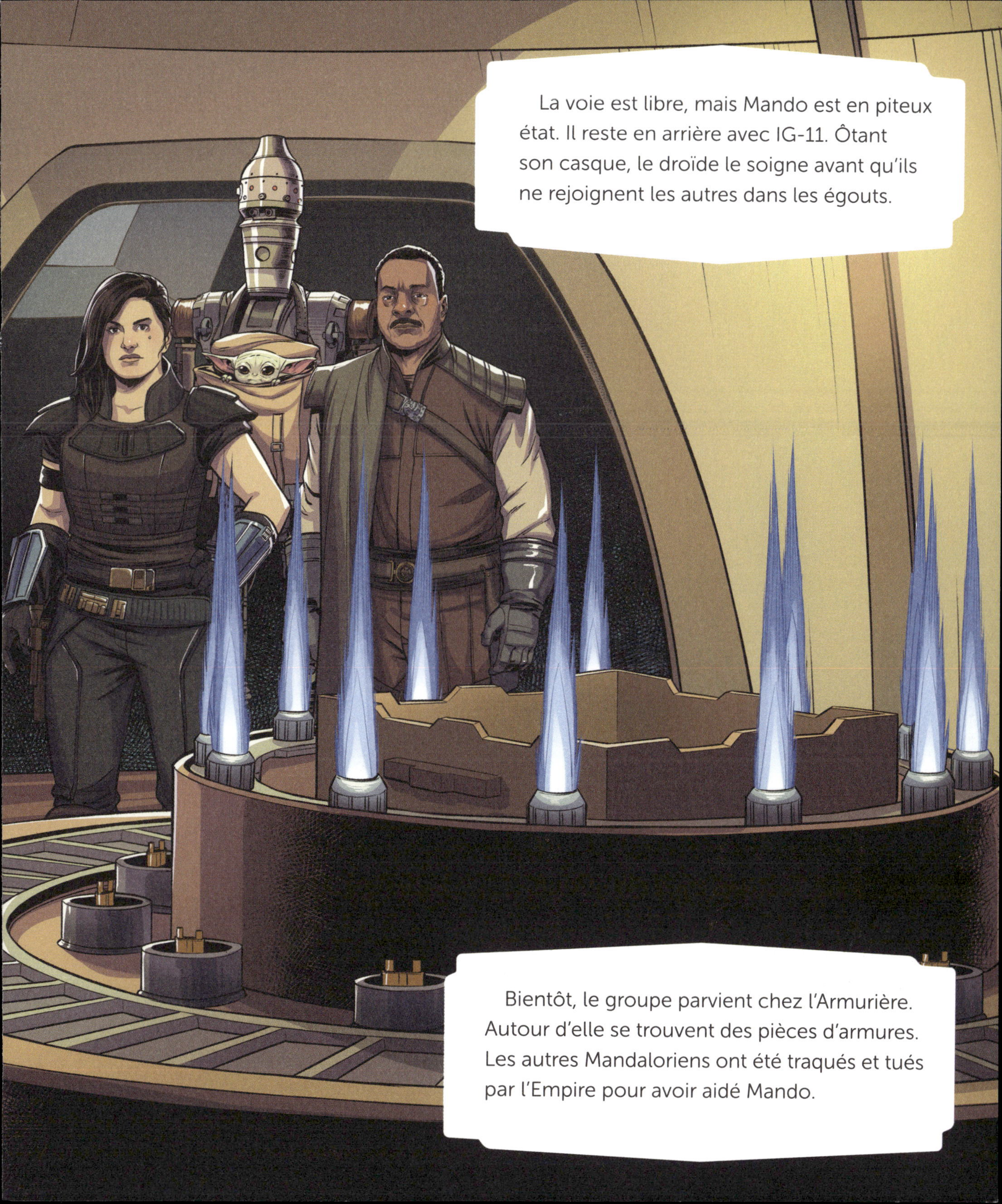

La voie est libre, mais Mando est en piteux état. Il reste en arrière avec IG-11. Ôtant son casque, le droïde le soigne avant qu'ils ne rejoignent les autres dans les égouts.

Bientôt, le groupe parvient chez l'Armurière. Autour d'elle se trouvent des pièces d'armures. Les autres Mandaloriens ont été traqués et tués par l'Empire pour avoir aidé Mando.

L'Armurière demande à voir l'Enfant.

– Le Credo stipule qu'il est sous ta garde, indique-t-elle à Mando. Jusqu'à ce qu'il grandisse, ou qu'il soit réuni avec les siens, tu seras comme son père.

Elle confie au Mandalorien un jetpack, qui lui permettra de voler, et soude le blason de Protecteur sur son armure. Puis elle les guide vers la sortie.

Le groupe suit les indications de l'Armurière et descend le cours du fleuve de lave dans une barque.

À la sortie du tunnel des égouts, Mando repère un escadron de stormtroopers en embuscade. Ils sont coincés.

– Je vais éliminer les ennemis, proclame IG-11.

Le droïde s'avance dans le fleuve de lave.

– Mon protocole de fabrication stipule que je ne peux être capturé, annonce-t-il en approchant des soldats. Je dois m'autodétruire.

IG-11 actionne sa bombe interne et se fait exploser, emportant les stormtroopers avec lui.

L'embarcation s'avance et le Mandalorien constate que le sacrifice d'IG-11 les a sauvés.

Soudain, dans un grand bruit, Moff Gideon apparaît au-dessus d'eux à bord d'un chasseur TIE. Il tire sur Mando et ses amis. Grâce à son jetpack, le Mandalorien s'élève dans les airs. Il se pose sur le vaisseau en vol et y place une charge explosive.

La bombe endommage le TIE qui, hors de contrôle, s'écrase.

Avec la disparition de Moff Gideon et du Client, l'Enfant est enfin sauvé. Mais la quête de Mando en sa compagnie ne fait que commencer. Il doit retrouver sa famille et le ramener chez lui.

– PRENDS SOIN DU PETIT, lui dit Cara.

– Ou peut-être que c'est lui qui va prendre soin de toi, ajoute Greef.

Mando acquiesce, active son jetpack et s'envole. Il est temps de partir.

Non loin de là, des Jawas s'agglutinent autour du chasseur TIE accidenté afin d'en récupérer les pièces. Soudain, une lame découpe la paroi du vaisseau.

Il s'agit de Moff Gideon, armé d'un légendaire sabre laser à lame noire. Il n'est pas mort…

Le Mandalorien s'est enfui, mais il le retrouvera…

À bord du *Razor Crest*, Mando observe l'Enfant, qui tient quelque chose dans la main.
– Qu'as-tu donc là ?

L'Enfant lui montre. Il s'agit d'un collier… le collier du Mandalorien. Mando l'avait confié à Cara lorsqu'il était blessé et pensait ne pas survivre.

– Je n'aurais pas cru le revoir un jour, dit Mando.
Puis il le rend à l'Enfant, en ajoutant :
– Tu devrais le garder.

Mando décolle. **IL VA DEVOIR EXPLORER LA GALAXIE, AFIN DE RETROUVER LA FAMILLE DE L'ENFANT.**

STAR WARS
THE
MANDALORIAN

DÉCOUVRE LES HISTOIRES DES SAISONS 1 ET 2 !

Édité par Hachette Livre – 58, rue Jean Bleuzen – 92178 Vanves Cedex
Imprimé par POLLINA en France - 96287 – Achevé d'imprimer : janvier 2021
ISBN : 978-2-01-708407-5 – Édition : 01 – Dépôt légal : janvier 2021
Loi n°49-956 du 16 juillet 1949 sur les publications destinées à la jeunesse.
Pour tout renseignement concernant nos parutions, nous contacter
par e-mail : disney@hachette-livre.fr

Pour l'éditeur, le principe est d'utiliser des papiers composés de fibres naturelles, renouvelables, recyclables et fabriquées à partir de bois issus de forêts qui adoptent un système d'aménagement durable. En outre, l'éditeur attend de ses fournisseurs de papier qu'ils s'inscrivent dans une démarche de certification environnementale reconnue.

L'Enfant

Cible âgée de 50 ans !

IG-11

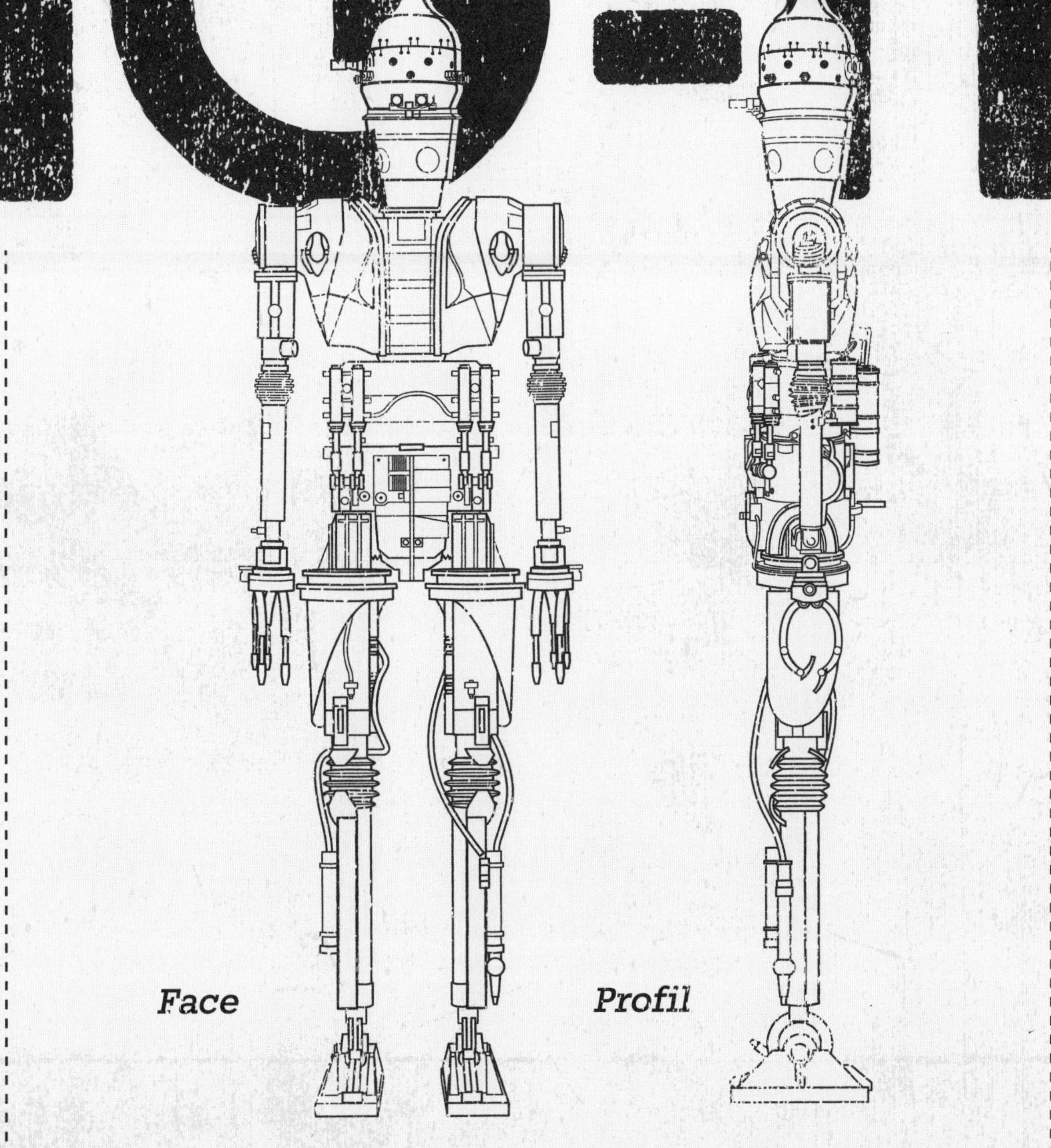